Коти
Katten
Cats

Двомовна книга
Een tweetalig boek
A dual language book

Selby Gunter

AF480031

ISBN 9798825848945

First Edition, 2021

Written by Selby Gunter. Ukrainian translation by Natalya Vleij. Translated to Dutch by Caroline Wiegel. Ukrainian proofreading by Наталія Сафонова. Cover and interior design by Natalia Junqueira and Selby Gunter. Photo credits Unsplash/The Lucky Neko, Jesús Boscán, Max Sandelin, Willian Justen de Vasconcellos, Chewy, Mel Elías, Süheyl Burak, Colours of Turkey, Roberto Jr Saldana, Sandra Kapella, Derek Sutton, zhang kaiyv, Timo Volz, Dietmar Ludmann, Milada Vigerova, Amber Kipp, Jane Duursma, Kanashi, Dorothea OLDANI, Paul Hanaoka, Christian Cacciamani, Alex Chambers, Tran Mau Tri Tam, Gerry Roarty, Darby P., Tucker Good, Milada Vigerova, The3dragons, Jason Leung, Aleksandra Sapozhnikova, ModCatShop, The Lucky Neko. Istock/cynoclub, Eriklam, jaqy, davit85, zsv3207, kimeveruss, AlenaPaulus.

Mona Cottage Publishing

Haarlem, Nederlands

www.monacottage.com

Contact publisher for wholesale orders.

Available Languages

English / Français
English / Deutch
English / Español
English / Nederlands

Many thanks to Natalya Vreij and Наталія Сафонова **for their Ukrainian translation and proofreading.**

Share your language learning journey:

Усі коти з'являються на світ кошенятами. Вони народжуються маленькими, але швидко ростуть.

Alle katten beginnen als kittens. Ze worden klein geboren maar groeien snel.

All cats start as kittens. They are born small but grow quickly.

Кошенята дуже грайливі та допитливі.
Kittens zijn erg nieuwsgierig en speels.
Kittens are very curious and playful.

Деякі коти люблять, щоб їх тримали на руках і гладили.

Sommige katten worden graag vastgehouden en geaaid.

Some cats like to be held and pet.

Інші не люблять, коли їх чіпають.

Andere houden er niet van om aangeraakt te worden.

Others do not like to be touched.

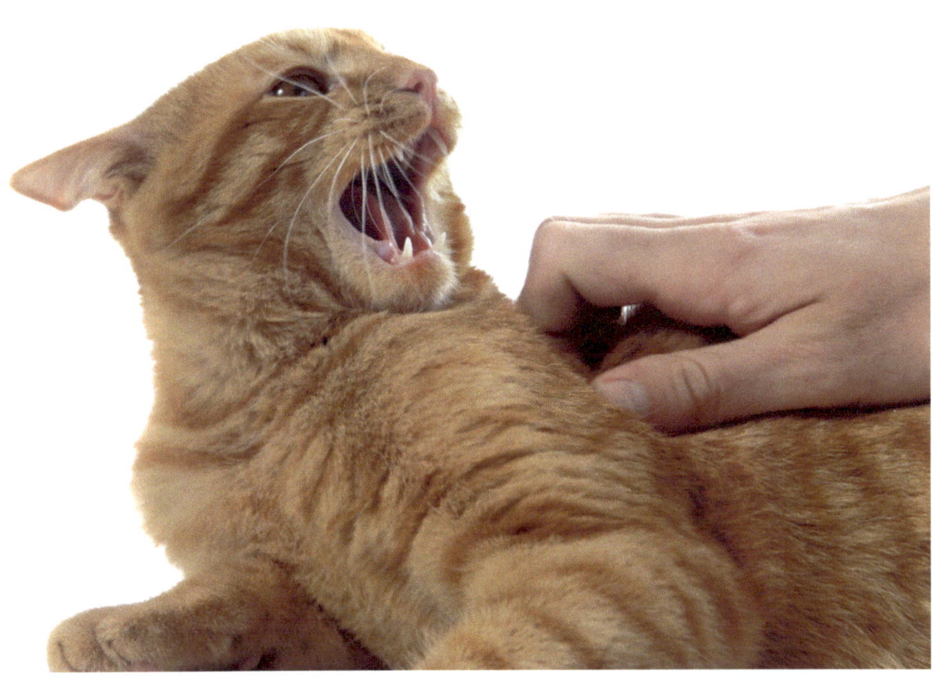

Коти – популярні домашні тварини.
У вас є кіт?

Katten zijn populair als huisdier.
Heb jij ook een kat?

Cats are a popular pet.
Do you have a cat?

Коти живуть по всьому світу.

Katten leven over de hele wereld.

Cats live all over the world.

Коти бувають різних кольорів, розмірів, відрізняються шерстю.

Katten zijn er in veel verschillende kleuren.

Cats come in many colors, sizes, and fur types.

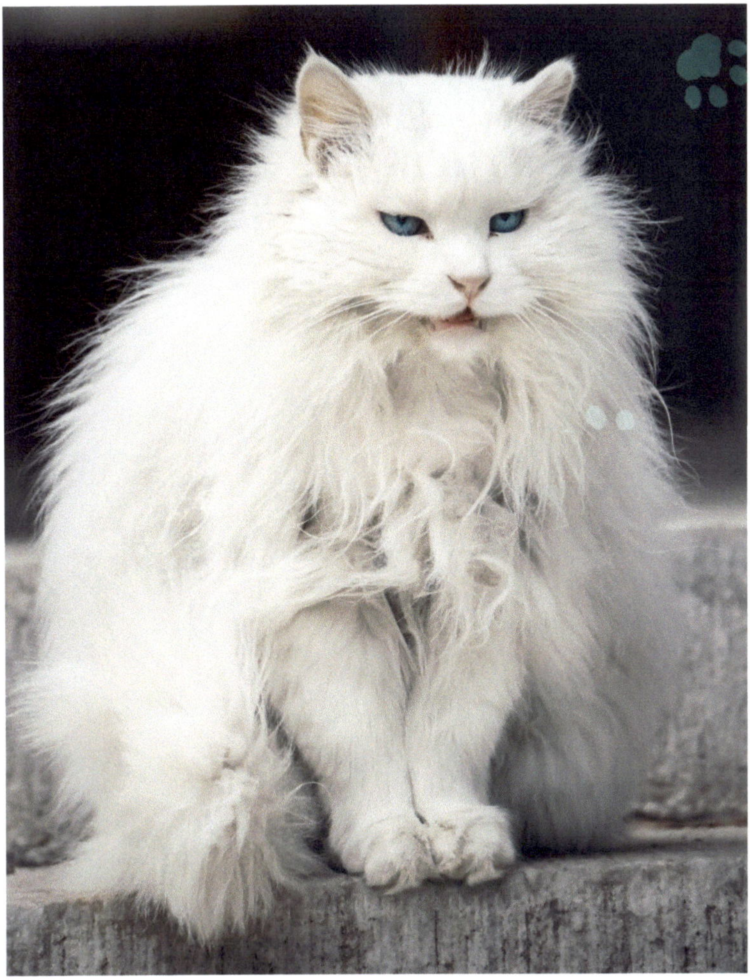

Одні коти дуже пухнасті.

У них довга шерсть.

Sommige katten zijn erg pluizig.

Ze zijn langharig.

Some cats are very fluffy.

They have long fur.

Інші коти мають коротку шерсть.

Andere katten zijn kortharig.

Many cats have short fur.

А в деяких взагалі немає шерсті!
Maar er zijn er ook die helemaal
geen haar hebben!
But some have no fur at all!

Коти можуть бути
найрізноманітнішого кольору.

Katten zijn er in veel verschillende kleuren.

Cats can have many different colors of fur.

Є білі, чорні, сірі та помаранчеві кицьки й котики.

Zo zijn er witte, zwarte, grijze en rode katten.

There are white, black, gray, and orange cats.

Забарвлення кота може бути не
одноманітним.

Een kat kan ook meer dan een kleur
hebben.

A cat can also be more than one
color.

У котів можуть бути смужки або плями.

Cats can have stripes or spots.

Katten kunnen ook strepen of vlekken hebben.

У деяких плескаті носи або короткі ноги.

Sommige hebben platte neusjes of korte pootjes.

And some have flat noses or short legs.

Коти дуже добре стрибають. Деякі можуть стрибати на понад вісім футів у довжину (майже 2,5 метра)!

Katten kunnen heel goed springen. Zelfs meer dan 2 meter hoog!

Cats are very good at jumping. Many can jump over eight feet!

ТВони також хороші мисливці.
Коти полюють на дрібних тварин і
їдять переважно м'ясо.
Het zijn ook goede jagers.
Katten jagen op kleine dieren en
ze eten het liefst vlees.
They are also good hunters.
Cats hunt small animals and eat
mostly meat.

Коти люблять гратися. Вони можуть бути непосидючими, смішними, а іноді й неслухняними.

Katten spelen heel graag. Dan zijn ze mal, grappig of zelfs ondeugend.

Cats like to play. They can be silly, funny, or sometimes naughty.

Коти вмиваються язиком. А ти також миєшся язиком?

Katten gebruiken hun tong om zich te wassen. Was jij je ook met je tong?

Cats use their tongues to clean themselves. Do you clean yourself with your tongue?

Котяча стопа
називається лапою.
У них чотири лапи.
De voet van een kat
wordt pootje
genoemd.
Ze hebben vier
pootjes.
The foot of a cat is
called a paw. They
have four paws.

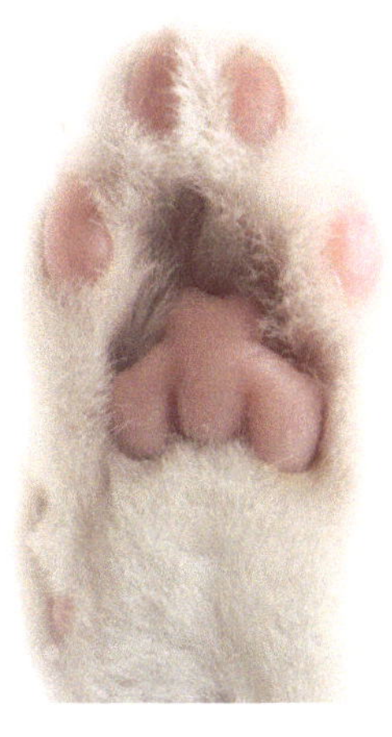

У котячого хвоста багато призначень.

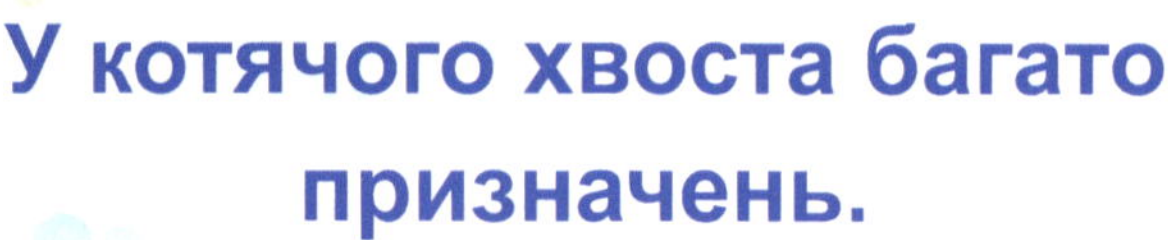

Een kattenstaart heeft vele toepassingen.

A cat's tail has many uses.

Хвіст допомагає коту тримати рівновагу.

Het helpt de kat om in evenwicht te blijven.

It can help the cat balance.

А також ним користуються для спілкування або розмови з іншими котами.

En wordt ook gebruikt om te communiceren of met andere katten te praten.

And it can also be used to communicate or talk to other cats.

Коти також можуть бути ледачими.
Вони дуже люблять спати.
На добраніч!

Katten kunnen erg lui zijn.
Ze zijn dol op slapen.
Welterusten.

Cats can also be lazy.
They like to sleep a lot.
Good night.

Vocabulary- Словник - Woordenschat

Kitten - кошеня - kitten
Born - народитися - geboren
Curious - допитливий - nieuwsgierig
Playful - грайливий - speels
Popular - популярний - populair
To live - жити - leven
The world - світ - wereld
Thick - пухнастий - pluizig
Fur - шерсть (кота) - haar
Short - короткий - kort
Balance - рівновага - evenwicht
Stripes - смуги - strepen
Spots - плями - vlekken
To jump - стрибати - springen
Hunters - мисливці - jagers
Silly - непосидючий - mal
Funny - смішний - grappig
Naughty - неслухняний - ondeugend

Tongue - язик - tong
Paw - лапа - pootje
Tail - хвіст - staart
To communicate - спілкуватися - communiceren
Lazy - ледачий - lui

Check out more bilingual titles and language combinations!

www.monacottage.com

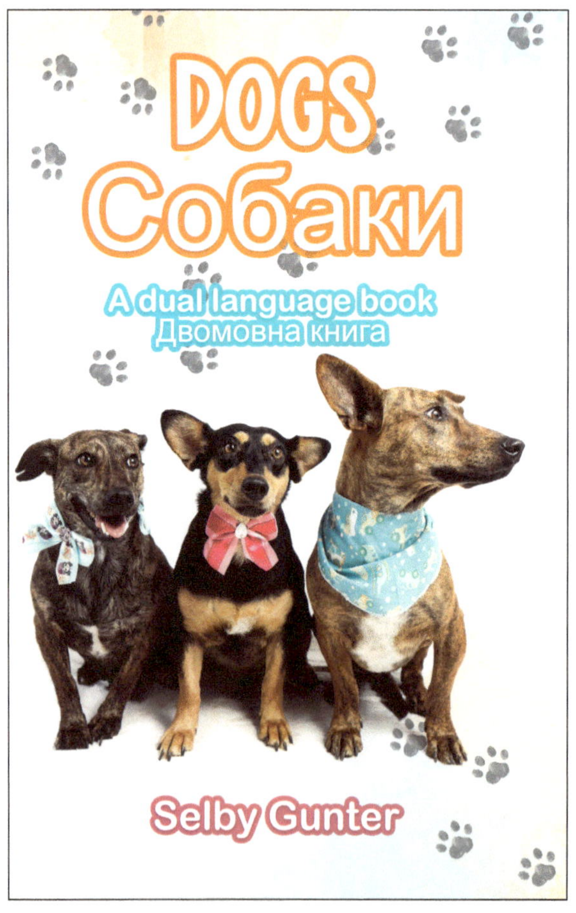